LANZAMIENTOS SIN GRASA

Helio Laguna

Título: Lanzamientos Sin Grasa
© 2017, Helio Laguna
© De los textos: Helio Laguna
Ilustración de portada: Francisco R. Trejo
Revisión de estilo: www.escritoyhecho.com
1ª edición
Todos los Derechos Reservados.

¡¡IMPORTANTE!!

No tienes los derechos de Reproducción o Reventa de este Producto.

Este libro tiene Todos los Derechos Reservados.

Antes de venderlo, publicarlo en parte o en su totalidad, modificarlo o distribuirlo de cualquier forma, te recomiendo que consultes al autor, es la manera más sencilla de evitarte sorpresas desagradables que a nadie gustan.

El autor no puede garantizarte que los resultados obtenidos por él mismo al aplicar las técnicas aquí descritas, vayan a ser los tuyos.

Básicamente por dos motivos:

> Solamente tú sabes qué porcentaje de implicación aplicarás para implementar lo aprendido (a más implementación, más resultados).

> Aunque apliques en la misma medida que él, tampoco es garantía de obtención de las mismas ganancias, ya que incluso podrías obtener más, dependiendo de tus habilidades para desarrollar nuevas técnicas a partir de las aquí descritas.

Aunque todas las precauciones se han tomado para verificar la exactitud de la información contenida en el presente documento, el autor y el editor no asumen ninguna responsabilidad por cualquier error u omisión.

No se asume responsabilidad por daños que puedan resultar del uso de la información que contiene.

Así pues, buen trabajo y mejores Éxitos.

TABLA DE CONTENIDOS

Introducción 11
Paso 1. La Página De Descarga 15
Paso 2. Crea Tu Enlace De Pago 21
Paso 3. Envía Emailsakis 25
Paso 4. El Punto De Inflexión 27
Paso 5. Hacer La Carta De Ventas 31
Paso 6. Crea Upsells 33
Pasos Finales. 35
Cómo Hacer Un Lanzamiento Sin Lista De Suscriptores 37
Conclusión 39
Acerca Del Autor 41

"Cada vez que empiezo a leer un libro lo primero que veo son los créditos, los reconocimientos de personas que no conozco, las historias del por qué o cómo de ese libro.

Y en numerosas ocasiones he dejado de leer porque pasan 100 páginas antes de que pueda entrar al tema por el cual compré el libro.

Aquí no va a ser así, aquí vamos a ir directamente al grano."

Helio Laguna

INTRODUCCIÓN

Hola, te saluda Helio Laguna y quiero agradecerte enormemente que estés por aquí.

Pero también quiero darte la enhorabuena por tu gran decisión de comprar, leer y espero que aplicar todo lo que vas a descubrir en este libro.

Te aseguro que es auténtico oro molido porque vas a conocer cómo lanzar de manera exitosa tus productos y para ello, para que conozcas el sistema exacto, te voy a revelar mi estrategia, una estrategia que muy pocos marketeros están usando porque se trata de algo innovador, algo creado por mí mismo.

Mi estrategia innovadora para lanzar Infoproductos a la velocidad de la luz y de manera rentable.

Pero antes que nada, quiero contarte cuál era el antiguo enfoque que utilizaba para crear mis productos...

¡Dedicaba el 100% de mi tiempo en la creación del producto de información!

Hoy en día ese es el enfoque que tienen muchos marketeros porque piensan que es el que hay que tomar.

Primero crean el producto y una vez que está listo, lo lanzan y se comienza a vender.

Te voy a decir algo, eso es la receta del fracaso.

¿Por qué estoy tan seguro?

Porque esta es la receta con la que fracasé en muchas ocasiones con productos basados en algunas herramientas.

Recuerdo un producto que se llamaba Micro Membresías Rentables, que hablaba de una herramienta que entregaba el contenido por medio de correo electrónico.

Pues bien, creé todo el Infoproducto, todos los vídeos; me llevó alrededor de seis meses y cuando estaba listo para lanzar, desapareció la herramienta gratuita en la cual estaba basado mi entrenamiento.

Así que si haces un entrenamiento te lleva seis meses grabar tutoriales de Facebook, pero para cuando terminas el último tutorial Facebook ya cambió sus políticas y procedimientos, no te recomiendo que sigas este procedimiento.

Si aún no te asustaste con las historias previas, te contaré una más.

Por respeto a él, no diré el nombre del marketero, pero hizo una gran producción para lanzar un producto de información.

Invirtió alrededor de 15.000 dólares en contratar un estudio de grabación y hacer los vídeos de lanzamiento desde su casa.

También invirtió en una herramienta alrededor de 3.000 dólares. Pagó 5.000 dólares para crear una carta de ventas y recabo afiliados.

Esto le llevó seis meses, quizás más. Un proyecto de 15.000 dólares de inversión.

Hizo su lanzamiento con unas 20 ventas de 197 dólares, son 4.000 dólares.

Alguien puede decir: *"Está bien, quiero que me vaya así de mal."*

Pero lo que nadie piensa es lo siguiente: de estos 4.000 dólares, 2.000 se fueron para afiliados y con 2.000 dólares no pudo recuperar los 15.000 dólares que invirtió en la creación de ese producto.

Era algo que nadie quería, era algo que él intuía que iban a querer.

Deja de intuir, es sumamente importante estar seguros de que tu producto funciona; es lo más lógico.

Pero esta persona no le encontró sentido. Invirtió dinero y no lo recuperó.

Era un producto, era un tema que no tenía absolutamente nada de demanda, tanto fue así, que utilizando las listas de todos los marketeros fueron únicamente 20 ventas.

¿Qué fue lo que hice después de ver esa historia de terror? Creé un nuevo enfoque.

Esta historia de terror, más las que me sucedieron a mí, me llevaron a crear un nuevo enfoque en el que solo dedicaba el 20% de mi tiempo en la creación del producto y 80% de mi tiempo en lo más importante, que es el Marketing del producto.

Cuando hablo de Marketing no me refiero a hacerle gráficos y esas cosas, me refiero a vender el producto.

Lo más importante es vender el producto, y después entregar el producto sobre la marcha.

Esto significa hacer ventas, ver que es rentable y luego me dedico crear el producto.

No te asustes, lo hacen decenas de personas.

Seguro que muchas veces has comprado un producto de información, llegas al área de miembros y hay solo un vídeo de bienvenida o posiblemente un módulo.

O quizá has comprado un entrenamiento de ocho módulos; te encuentras que solamente está grabado un primer módulo y te dicen: *"Las siguientes sesiones se liberarán en las siguientes semanas"*. O *"se liberará una sesión por mes"*.

Cuando la persona te dice esto, tú no tienes la certeza de si el entrenamiento está efectivamente grabado y únicamente es cuestión de tiempo para que lo liberen o si no existe.

Posiblemente, te estén vendiendo un producto que van a crear. Pues esto sucede a menudo cuando tu producto es un producto de Coaching.

Por ejemplo, como Emprendedor Imparable, como muchos productos que se entregan por sesiones de Webinar o de Hangout; es obvio que no está creado el producto.

Lo más seguro es que compres el producto, tienes la sesión en vivo y, cuando hacen la sesión en vivo, te entregan el producto sobre la marcha.

Puedes hacer sesiones semanales, sesiones quincenales, mensuales, etc. Sea como sea, estás entregando el producto sobre la marcha.

Pero, esta vez, yo hice un acercamiento distinto, me enfoqué en no tener absolutamente nada grabado, ni siquiera perder tiempo en el primer módulo.

Me comprometí a entregar ocho semanas de un Coaching, si no lograba venderlo, no entregaría el producto.

Este es el nuevo enfoque, no entregar si la venta no fue rentable para ti.

PASO 1. LA PÁGINA DE DESCARGA

Vamos a ver dos escenarios. El escenario donde ya tienes una lista de suscriptores y el escenario donde no tienes la lista de suscriptores.

Te mostraré los pasos de acción.

El primer paso es crear una página de descarga.

Se trata de una página tipo área de miembros, donde lleguen las personas y puedan acceder a un vídeo de bienvenida.

También puede ser una página donde no habrá nada, pero es una página que te pide ClickBank (en caso de que vayas a subir tu producto a ClickBank).

Con PayPal, te recomiendo que pongas una redirección, y una vez que finalice el pago, se les redirija a un lugar donde les diga: "Gracias por tu compra."

Te daré un consejo, yo no lo hago a menudo ya que hago el proceso bastante rápido, creo el botón de PayPal sin siquiera generar la página de descargas.

Cuando alguien realiza una compra, le contacto y le agrego a un grupo en Facebook (mi área de miembros es un grupo en Facebook).

Tú puedes crear una página de descarga donde tengas ahí un formulario de captura si quieres.

Son muy importantes estos Tips: comienza a crear tus listas de compradores.

Un comprador es comprador, es un comprador, es un comprador, es un comprador y es comprador. No es que se me haya rayado el disco, es que un comprador es 20 veces más importante que un suscriptor.

Una persona que decidió confiar en ti y sacó su tarjeta de crédito para pagarte algo es 20 veces más valiosa y así lo dicen las métricas.

Un comprador es infinitamente más valioso, según lo veo, porque un suscriptor ni siquiera te ha comprado nada y un comprador ya lo hizo, ya dio el paso.

Entonces el retorno de inversión de un comprador es infinito, sobre el de un simple prospecto.

Las métricas dicen que es 20 veces más importante, no sé cómo lo sacan, pero lo que sí te recomiendo es que hagas tu lista de compradores.

Así mismo, cuando las personas compren, harías una página de descarga donde pongan sus datos y a continuación, los rediriges a una página donde encuentren algo más o terminen el proceso una vez que tienes el correo.

¿Qué es lo que utilizo yo?

Utilizo un Software que se llama "LeadPages", pero hay muchísimos más; existe "Optimizepress" o puedes usar "Agenda Cita", mi software creado para estos fines.

¿Y qué es lo que le vas a dar a las personas que ya hicieron su compra y que ya dejaron su correo electrónico?

Le vas a enviar un correo de bienvenida.

En tu correo de bienvenida vas a colocar en el asunto las iniciales de tu programa:

"Bienvenido a la capacitación, el Modelo de Negocio de Cuatro Horas."

Luego continúas con:

"Hey, aquí Heliosaki, te quiero dar la bienvenida a la capacitación del Modelo de Negocio de Cuatro Horas, el cual referiré de ahora en adelante como el Negocio de Cuatro horas. Has tomado una decisión inteligente al ser parte de esta capacitación, te felicito."

Felicita a las personas, haz que no se arrepientan de lo que acaban de hacer.

Muchas personas hacen la compra y tienen el remordimiento y van y hacen el reembolso. Tienes que evitar eso, tienes que seguirles vendiendo, aunque ya hayan comprado y evitar el remordimiento.

Felicítalos, diles que tomaron una decisión inteligente:

"Estás a punto de conocer el camino que se requiere para comenzar a ganar un dólar por cada suscriptor de tu lista."

Fíjate como sigo vendiendo lo que ya compraron, con la intención de que estén felices con su compra y que la justifiquen. Que estén convencidos de que, aunque sacaron su tarjeta de crédito y quizás gastaron dinero que era para la familia, fue una buena compra.

Debes disminuir el remordimiento y convencerlos de que fue una gran inversión; convencerlos de que hicieron lo correcto y de que van a obtener un gran beneficio con ese entrenamiento. Debes crearles muchas expectativas.

Continúas el correo con lo siguiente:

"Déjame compartirte estos datos de porqué enfocarte en el Email Marketing es la mejor inversión."

Aquí, en el correo de bienvenida les estoy dando una lección. Puedes hacerlo si quieres, es tu decisión; si no quieres, no habrá problemas.

Si quieres incluir la lección, considera que el Email Marketing es más valioso que un blog.

El Email Marketing tiene, por ejemplo, un ratio promedio de aperturas de correo del 5.2% y un anuncio de Facebook el 0.5%, por lo tanto, es cien veces más importante el Email Marketing.

Entonces estoy dando la primera lección de por qué Email Marketing es más importante, muestro que el correo electrónico lo consultan todo el tiempo, cada vez que llega un correo y ya. Acabó la lección y seguimos.

Si no quieres poner una lección de bienvenida, partirías felicitándolo por comprar, creando expectación de lo que se viene y diciéndoles que lo que acaban de comprar es una gran inversión, y continuarías por acá:

"Tu entrenamiento comienza (cuando vaya a comenzar)."

Le colocas "mañana" si desea iniciarlo al siguiente día. Le notificas así:

"Tu entrenamiento comienza en una semana."

"Tu entrenamiento comienza el 20 de octubre."

Etc.

Aquí no te des mala vida, le dirás a tu comprador cuándo comienzan los módulos y cuanto más alejado sea, más tiempo tendrás para seguir promoviendo, seguir haciendo ventas y decidir si finalmente entregar el producto o no.

Si obtuviste pocas ventas y tienes que crear un producto demasiado grande y además, sientes que el dinero que ganarás no paga el tiempo invertido, pues reembolsas u ofreces otro producto que valga dos veces lo que acaban de comprar.

Puedes decir algo como:

"¿Sabes qué? No va a ser posible hacer el entrenamiento, te pido disculpas."

Y continúas con:

"Pero como acabas de invertir 47 dólares en este entrenamiento, te propongo enviarte mi entrenamiento tal y mi entrenamiento tal, con un valor de 97 dólares a cambio de tu inversión. Si no estás de acuerdo, avísame y emitiré tu reembolso y nadie saldrá herido."

Pero eso lo vamos a ver un poquito más adelante, por ahora es importante enfocarnos en un tópico difícil, la batalla por la atención hacia tu correo:

"Recibes una tonelada de correos cada día, no hay duda acerca de eso, algunos de ellos llaman tu atención, la gran mayoría no. Yo necesito tu atención, necesito tu compromiso completo y con este programa pagaste (lo que sea que hayan pagado) para recibir esta información, eso me compromete a regresarte diez veces tu inversión".

Fíjate la expectativa que estoy creado, les ofrezco devolver diez veces lo que invirtieron. Esto me permite obtener su atención.

Continuas con:

"Pero para poder entregarte ese valor masivo de mi parte, necesito que pongas de tu parte. Ya conoces el dicho: puedes llevar un caballo al agua, pero no puedes obligarlo a tomar un trago de agua. Lo mismo aplica aquí, cada correo que voy a enviarte contiene un asunto con el prefijo EN4H día X."

Aquí estoy dando las instrucciones para el seguimiento del correo, ya que el entrenamiento que me compraron lo entrego por medio de correo electrónico.

Si tu entrenamiento lo vas a entregar en un área de miembros, procedes a decir:

"Cada semana vas a ver en el área de miembros una nueva lección, en el menú tal."

Si estás usando Facebook como área de miembros, le vas a decir:

"Cada semana voy a publicar en el grupo de Facebook la siguiente sesión."

Si es una página de descargas, les dices:

"Cada semana en esta página de descarga o en la página de descarga voy a estar subiendo un nuevo vídeo o un nuevo audio, etc."

O si le vas a enviar un audio por correo:

"Cuando veas ese correo en tu bandeja de entrada ábrelo y léelo inmediatamente; recibirás un pequeño trozo de información de valor todos los días por las siguientes semanas. Esto es a propósito, para que puedas aprovecharte de la información de cada correo a la vez.

Cada correo tendrá un contenido de 500 a 1.200 palabras, leyendo estos correos y haciendo estas tareas te comprometes con el entrenamiento. ¡No dejes de cumplirlo!"

Continúas motivando a la persona:

"No te voy a abandonar en esto, pero tienes que poner de tu parte.

Por último, no borres ninguno de mis correos, checa regularmente tu bandeja de Correo No Deseado, para verificar que no lleguen a esa sección mis lecciones.

Crea un Folder con el título tal y cada vez que llegue un correo, léelo, haz la tarea y archívalo.

Tu entrenamiento comienza cuando tú digas que comienza, mantente conmigo. Un gusto en saludarte... Heliosaki".

Las ventas ocurren por Email Marketing, y estos ejemplos te los ofrezco para que tú puedas personalizar tu correo de bienvenida y así tendrás tu producto creado.

Esto es todo lo que requieres para lanzar tu producto de información: una página de captura donde vas a recabar al comprador y cargar este correo de bienvenida en tu autorespondedor para que les llegue a las personas.

Le notificas a tu comprador cuándo comienza el entrenamiento y ya cumpliste con tu parte; entonces puedes seguir en lo más importante que es vender.

PASO 2. CREA TU ENLACE DE PAGO

¿Qué viene luego del primer paso?

Hago un enlace de pago, ya sea con PayPal, o bien con ClickBank.

Cuando haces una cuenta en ClickBank, generalmente tarda cinco días hábiles en aprobarte un producto, pero una vez que tienes un producto hecho, puedes agregar múltiples productos.

Se instala un Plugin que se llama "Maximizador ClickBank". Con Maximizador ClickBank, solo debes esperar la aprobación de tu primer producto.

Solo aplicar a tu primer producto y principal, luego vas a poder subir tantos productos como quieras al instante y sacar el link de pago de ClickBank.

Con ClickBank sacas el link de pago de la siguiente forma: yo subí un nuevo producto y es el producto número 20 y para sacar el enlace de pago, lo primero es copiar la dirección del vínculo:

http://20.hdca100.pay.clickbank.net/

La estructura de un enlace de pago, es http://, y primero te muestra el número de tu producto en ClickBank, en mi caso es el 20.

Después sigue lo que vendría siendo tu usuario de ClickBank "hdca100".

Luego "Pay" (de pagar) y después "ClickBank.net".

Así es como se compone tu enlace de pago, ese sería tu enlace de pago y es el que vas a usar en tus correos para vender, así de sencillo es.

Vas a subir un producto a ClickBank, que es muy sencillo. Vas a "mis productos", y luego a "agregar producto nuevo" y agregas el nuevo producto.

Luego colocas "producto digital estándar"; si es de un pago, seleccionas la categoría por "default" y te da el número del producto y luego colocas el título o como se llamará el producto.

Como página de lanzamiento puedes colocar cualquier página, no importa. Puedes hacer también una página en Agenda Cita, únicamente para poner el botón de pago.

Esto no es realmente importante, porque estás vendiendo por medio de Email Marketing, solo tienes que repetirlo acá para sitios móviles, exactamente lo mismo.

¿A cuánto lo vas a vender? 47 dólares por ejemplo.

¿Cuál es la comisión que vas a dar? Eliges "personalizada" y puede ser de 1 a 50%.

La página de descarga, es la página que te pedí que hicieras, no te preocupes lo mal que lo hagas aquí porque ClickBank, con el Plugin, no va a revisar esto, te lo va a aprobar de manera instantánea y te muestra imágenes del billete aprobado.

Fíjate la magia, ni siquiera tengo aprobado el producto principal con el Plugin, y ya tengo todos mis productos aprobados. Puedo tener múltiples productos y todos quedan aprobados.

Si se trata de tu primer producto, primero te va a pedir esto: "solicitud de aprobación requerida" y vas a tener que enviarla, pones un poquito más de información y listo.

Describes el producto, el producto de facturación si lo hay, si es tuyo o tienes licencia. Lo que harás es describir la forma de acceder al producto, señalas que el producto cumple con todas las normativas. Te pregunta si ya has hecho una compra de prueba, le das a "sí" y le envías solicitud de aprobación del producto.

La mala noticia es que, si bien te van a aprobar el producto, el sistema de ClickBank se va a tardar cinco días en procesar todo el producto.

Con el Plugin no va a suceder eso y vas a tener tu enlace de pago a la velocidad de la luz.

PASO 3. ENVÍA EMAILSAKIS

¿Qué haces a continuación?

Enviar Emailsakis, ya te enseñé en el primer paso cómo crear Emailsakis.

¿Se puede enviar antes del correo de ventas una pequeña secuencia para crear anticipación, es decir, que no vendas en el primer correo?

Yo te recomiendo que vendas siempre desde el primer correo; pero puedes enviar tres correos haciendo una pequeña secuencia.

Das contenido de valor y le dices a tu comprador:

"En los próximos días voy a crear un entrenamiento que se llama Email Marketing Acelerado, mantente atento a mi siguiente lección y a mi programa Email Marketing Acelerado".

En el siguiente correo les das otra lección de valor masivo y le dices:

"Dentro de dos días se abren las puertas de Email Marketing Acelerado. Es un programa que enseña (comienzas a hablar un poco de él)*".*

En el tercer día das valor masivo y les dices:

"Mañana se abren las puertas de Email Marketing Acelerado".

Les dices a detalle qué es lo van a aprender en tu entrenamiento y terminas con:

"Atento a mi correo de mañana".

Esta secuencia tiene que cumplir con dos cosas: dar valor masivo y crear anticipación. Sé muy claro, dile que le venderás algo desde el primer día o si no, no te va a funcionar.

Si estás utilizando la estrategia de dar valor masivo y presumirles que le estás dando valor masivo y, de repente, en el cuarto correo no hay nada que vender, no va a funcionar.

Tienes que avisarles de que les vas a vender algo, diles descaradamente desde el inicio que le venderás algo valioso.

Esto es lo que hago a menudo:

"Este correo tiene dos razones: Una, darte valor masivo y dos, autopromoción.

En tres días voy a hablar de mi programa Email Marketing Acelerado.

Te quiero dar una muestra del poder que hay detrás de este entrenamiento.

Esa es la razón de darte tanto valor en este correo, así que ahí te va la lección y atento que en tres días abro Email Marketing Acelerado".

Así puedes crear la secuencia si quieres, es opcional completamente. Si no te convence, empiezas directamente desde el lunes a vender.

PASO 4. EL PUNTO DE INFLEXIÓN

Presta mucha atención a este paso; si no hay ventas, continúa enviando Emailsakis al menos dos semanas más.

Ya vimos en el capítulo anterior que los lanzamientos cortos no funcionan, que funcionan los lanzamientos largos. Así que no hagas tres correos y digas: *"No hubo ventas, ya se acabó esto".* Al menos trabaja en enviar correos durante dos semanas.

Además, recuerda que si las ventas son pocas y es mucho trabajo, puedes reembolsar a los compradores.

Si hiciste cinco ventas de 40 dólares, son 200 dólares. Pero si te da flojera realizar el producto y no estás de acuerdo de hacerlo por 200 dólares, reembolsas.

Le puedes decir: *"No se va a realizar el producto, disculpen, me salió otro proyecto, te doy lo doble de lo que invertiste o te doy el reembolso, decide".*

Muchas personas, la gran mayoría de hecho, van a querer el doble de lo que invirtieron contigo; esto se debe a que ya pagaron, no tienen que pagar nada más y van a recibir algo de mucho valor.

Si por el contrario, aun cuando fueron pocas ventas, decides que vas a crear el producto, adelante, depende de ti y de tus finanzas.

Si el margen de ganancia es de 200 dólares, siguiendo con el ejemplo, tampoco te engañes y digas: *"Lo mejor es hacerlo, por cualquier cosa".*

Lo mejor es darle un valor de 1.000 dólares a tu tiempo, porque ese tiempo que vas a utilizar entregando ese producto, lo podrías utilizar entregando un producto que sí se vendió.

Lo podrías utilizar vendiendo un producto que sí se vendió y aquí únicamente pierdes dos semanas, pero cortas. Esto quiere decir que cortas tus pérdidas y esta se limita a dos semanas de tu tiempo e inicias un nuevo lanzamiento.

Recuerda que el dinero es bueno, por lo que si hay ventas, sigues enviando tus Emailsakis y comienzas a agregar las lecciones del curso.

En mi caso, estuve mucho tiempo entregando mis lecciones por medio de correo electrónico. Por eso te digo que cada día envío un Emailsaki y agrego un correo nuevo a mi lista del curso.

Pero tú lo vas a hacer como quieras, puede ser contenido semanal, contenido cada tres días, contenido cada mes; en cualquier formato que tú decidas. Puedes hacerlo en vídeos, en audios, en Webinars, en Hangouts u otra plataforma.

Ejemplos:

"Entonces cada semana te voy a dar un Coaching de Emprendedor Imparable".

"Cada tres días vas a recibir vídeo de mi parte con contenido de alto valor".

"Cada semana vas a recibir un audio con la lección y las tareas que tienes que hacer una vez escuches el audio".

Entonces sigo vendiendo como loco y realizando lanzamientos largos, de un mes o dos, y entrego sobre la marcha mi producto de información.

"El Anti-afiliado" es un Infoproducto que creé sobre la marcha. Son 41 lecciones y casi todas las envié con un día de diferencia; este lanzamiento fue de dos meses.

Por tanto, como son 41 lecciones y envié un correo por día, durante dos meses vendí y entregué el producto de información.

Así que mi rutina era llegar a mi computadora, enviar el correo para vender y a continuación, cargar el correo de contenido.

Te enseño el primer correo:

"Te quiero dar la bienvenida a Locura de Autorespondedor (o el producto que sea).

Has tomado una decisión inteligente, estás a punto de conocer el camino"

Recuerda ganar siempre la batalla por la atención de tu correo.

A continuación, en los siguientes correos, entrégales tu producto.

Por ejemplo, en LODEA les hablé sobre cuándo vender, cuándo escribir, cómo redactar tus correos, qué no escribir, qué sí escribir, escribe sobre un gran error, cuenta una historia, preguntas y respuestas, etc.

Esto lo hacía todos los días y sobre la marcha; así es como se hace.

De este programa hice como cien ventas y no hubo nada de esfuerzo por mi parte gracias a que lo creaba sobre la marcha.

PASO 5. HACER LA CARTA DE VENTAS

Si está siendo un producto exitoso, pasa al quinto paso, subcontratar una carta de ventas, encargas los gráficos y el "cover".

En LODEA cambié su nombre a "Email Marketing Acelerado" y encargué el gráfico.

Pero lo hice una vez que logré ventas, y ya tenía dinero en mi cuenta de banco.

Había más de 1.000 dólares, pero me cobran 47 dólares por hacer un gráfico; así que me puse a crear la carta de ventas yo mismo en "LeadPages".

No es una carta de ventas profesional, únicamente contiene los encabezados, dice los módulos, quién soy yo y los bonos que tiene, es decir, todo lo que pide ClickBank.

Entonces no es una carta de ventas profesional, pero la hice una vez logradas las ventas. Me tomé la molestia de hacerla, aunque pude haber contratado a un profesional que me hiciera la carta de ventas porque ya había dinero en mi cuenta de banco.

Y no fueron cien ventas, fueron más de doscientas ventas de este entrenamiento.

Doscientas ventas de 47 dólares son unos 10.000 dólares y con 10.000 dólares es muy sencillo pagarle 500 o 1.000 dólares a alguien que haga una carta de ventas.

PASO 6. CREA UPSELLS

El siguiente paso es comenzar con las páginas de Upsells, si es exitoso.

Son páginas de ofertas aumentadas que les ofrecerás, una vez te compren tu producto principal, en una página de descarga profesional.

Cuando hablo de una página de descarga profesional, me refiero a una página donde puedas tener ofertas de otros productos y otras herramientas que complementarias a tu producto.

Estas ofertas cruzadas se las mostrarás en esa misma página de descarga de tu producto.

O también puedes hacerlo de otra manera, una vez compren, para llegar a tu página de ventas les haces pasar por varias páginas de ofertas aumentadas.

PASOS FINALES.

En estos pasos finales, vas a invertir tiempo en buscar ofertas aumentadas, en crear bonos y vas a anunciar los bonos por medio de correo electrónico para vender más y más.

Mandas a hacer los gráficos de todos esos bonos, agregas los bonos a la carta de ventas y continúas enviando Emailsakis hasta llegar a cien ventas o tener dos o tres meses de promoción.

Quizás no llegues a las cien ventas, pero mientras se esté vendiendo, tienes que seguir enviando correos. A lo mejor en tres meses logras cincuenta ventas, así que será excelente para ti.

Te vuelvo a repetir, mientras sigas vendiendo, sigue vendiendo.

Suena ridículo, pero muchos no lo hacemos, estamos vendiendo bien y cerramos las puertas. Mientras sigas vendiendo, sigue vendiendo y no cierres las puertas, no dejes de enviar correos.

El penúltimo paso es usar los mejores Emailsakis para crear una secuencia de correo y hacer Marketing de integración.

¿Qué es esto?

Pues haces una página de captura y a esa página de captura le pones una secuencia de correos.

Vamos a suponer que anteriormente ya lanzaste un producto de información, lo vendiste y ahora agregas a la secuencia los mejores correos que usaste para vender ese producto, pero adaptándolos al nuevo.

Haz Marketing de integración, es decir, das el contenido y agregas correos de ventas, los disfrazas de contenido y vendes otro producto al mismo tiempo. Para eso debes usar los Emailsakis, para hacer Marketing de integración.

Avisar a los afiliados es el último paso.

Esos Emailsakis los subes a una página de captura.

Una vez que ya tienes esta página de captura con correos más la carta de ventas, las ofertas aumentadas y un área de descarga, incluyes el aviso a los afiliados:

"¿Sabes qué? Acabo de hacer doscientas ventas de esto, se está vendiendo como loco, lo puedes vender. Con el Plugin que te voy a dar vas a poder darles link de afiliado directamente a tu producto."

Y así ya ganaste 5.000, 10.000 dólares con este lanzamiento, más lo que te generen los afiliados.

CÓMO HACER UN LANZAMIENTO SIN LISTA DE SUSCRIPTORES

¿Qué pasa si no tienes lista de suscriptores?

Haces lo que te dije antes, creas una página de captura y comienzas a agregar un correo de la secuencia cada día.

Recuerda que no tienes a quién venderle, únicamente vienes de una página de captura, entonces agregas cada correo que recibes.

Luego creas una campaña de publicidad o haces Marketing de Gorila.

También puedes hacer una alianza con una celebridad, que diga: "Caso de estudio Sebastián Foliaco" o "Caso de estudio Patricio Peker".

Con estas personas yo hice una página de captura, comencé a agregar correos de seguimiento, les pedí a estas personas que enviaran tráfico a esa página de captura y les dije que mis correos iban a estar vendiendo el producto para ellos.

Se vendió y mucho, ellos ganaron dinero, yo también y además hice una lista de suscriptores gracias a ellos.

Yo le creé la campaña a esta persona, él envió tráfico a mi página de captura y estas páginas comenzaron a vender, no recuerdo cuántas ventas fueron exactamente, pero llegué a 372 suscriptores, ellos ganaron dinero, yo también y además, me quedé con una lista de suscriptores.

Así que no te detengas por no tener suscriptores, acudes a una persona que tiene suscriptores o algún influencer y le dices: *"¿Sabes qué? Tengo este producto, lo voy a entregar sobre la marcha, tengo ya una página de aterrizaje con una secuencia vendedora. Yo sé escribir Emailsakis, me certificó Heliosaki, ¿te parece que vendamos juntos?".*

Ellos te envían el tráfico y venden como locos.

Así que el paso cero es: agregar un correo cada día a la secuencia y comenzar a vender en el correo entre dos y cuatro semanas.

Los tres primeros correos son para crear expectación y el cuarto correo es el que vende.

Continúa los pasos de acción de si tienes lista de suscriptores.

Entonces el paso cero es crear la página de captura, conseguir el tráfico, comenzar a agregar los correos.

Como ya estás teniendo suscriptores les sigues vendiendo.

Si hay suficientes ventas, entregas; si no hay suficientes ventas, te disculpas con tu suscriptor y le ofreces algo de más valor o el reembolso.

Si hiciste una campaña de publicidad e invertiste más dinero del que ganaste, yo no diría que perdiste dinero porque ganaste suscriptores.

Únicamente lo que hiciste fue comprar suscriptores, lo cual no es un gasto, es una inversión.

CONCLUSIÓN

Así es como funciona esto, los lanzamientos sin grasa.

No te quito más tiempo, lo que quiero ahora es que tomes acción. Ya tienes la ruta para lanzar con éxito tu producto y si no es exitoso el lanzamiento, nadie salió herido.

No perdiste seis meses, no perdiste 3.000 dólares pagando sitios web, cartas de ventas, haciendo vídeos de lanzamiento... Todas esas cosas que son costosas y puedes hacerlas por nada.

O puedes perder dinero y decir: *"Esto de los negocios por Internet no funciona"* solo porque lo hiciste de la manera incorrecta.

Tú decides...

Lo más importante es que tomes acción desde ya y empieces a tener resultados cuanto antes, así que, adelante...

Muchas gracias por haber leído este libro y espero saber muy pronto de tus éxitos.

Tu amigo,

Helio Laguna

ACERCA DEL AUTOR

Helio Laguna

Especialista en múltiples fuentes de ingresos, tanto tradicionales (finca raíz y bolsa de valores) como de Internet (ingresos con Facebook, YouTube, Instagram, Email marketing y Whatsapp).

Fundador del Movimiento AMI, el Movimiento más grande de resultados de habla hispana, por donde han desfilado más de 7,000 alumnos de 7 países tales como Colombia, Estados Unidos, España, México, Ecuador, Perú y Argentina.

Este movimiento, tan solo en 2017, ha impactado la vida de casi 20.000 personas (cara a cara de forma presencial) en 18 ciudades de 8 países de 2 continentes.

Es el escritor con más títulos en Hispanoamérica, ha escrito hasta la fecha 85 libros, todos ellos Best Seller en Amazon.

En dicha plataforma es el escritor con más títulos en todo el mundo en la categoría de negocios en Internet y su calendario de publicación es de, al menos, un libro por semana.

Ha sido invitado por Amazon a la feria Internacional del libro en Guadalajara (FIL) en 2015 y 2016.

Es considerado el vendedor por Internet (marketero) número 1 de habla hispana, gracias a que es la persona que más vende de sus propios productos o de productos de otro (Afiliado número 1 de habla hispana).

Especialista en email marketing (envío de correos a base de suscriptores), lleva 4 años y medio enviando ininterrumpidamente correos diarios a sus suscriptores, tiene más de 15 libros sobre el tema y más de 12 programas de coaching, entrenamientos o softwares de email marketing.

También es el mayor vendedor a altos precios del mercado hispano, vende todos los días programas de coaching y entrenamientos de altos precios.

Coach y conferencista en 7 países (Colombia, Estados Unidos, España, México, Ecuador, Perú y Argentina), cada mes visita uno de estos países donde realiza entre 2 a 3 conferencias por mes.

Coprotagonista de los Documentales "Los Originadores" y "El Mensajero".

Tiene su propio documental titulado "SOY TU" y una biografía autorizada titulada "Un Súper Héroe Sin Poderes".

Adicionalmente a su carrera como coach, conferencista exitoso y empresario de Internet, dirige una inmobiliaria en su país, México, e invierte profesionalmente en la bolsa de valores de Nueva York.

www.ingramcontent.com/pod-product-compliance
Lightning Source LLC
Chambersburg PA
CBHW031555210526
45464CB00003B/1303